MINDSET

Sommario

Introduzione 3
I 7 punti del mindset Imprenditoriale 5
Gli ostacoli più grandi 10
   L'imprenditore 11
Mettere in piedi il team: circondati delle persone giuste 21
La riunione aziendale 30
Cambia la tua mentalità 45
Le persone giuste in ogni azienda o in ogni negozio 54
   Lo Store Manager: le mansioni del responsabile. 55
   Il commesso venditore: dalla vendita all'esperienza del cliente 60
   Il titolare: il marketing strategico e la gestione finanziaria 62
Conclusione: il glossario dell'imprenditore di successo 69

Introduzione

Di cosa sto parlando? Del modo in cui decidi di agire e reagire agli avvenimenti della vita e rappresenta un potere enorme, se sai come utilizzarlo. Per poter sviluppare la tua mentalità di successo devi partire dal tuo cambiamento: se vuoi cambiare la tua vita devi prendere coscienza di te stesso e ti devi porre nel migliore dei modi verso ciò che ti circonda. I tuoi modi di fare, quelli che ti hanno portato oggi a riflettere e a volere un cambiamento, non vanno più bene: devi liberarti di questi modi, alzare lo sguardo e scegliere di diventare una donna di successo.

Riuscire a creare il tuo mindset di successo significa capire cosa ti offre oggi il mercato e cogliere l'opportunità: organizzati, accetta e impara, anche dai tuoi errori. La mentalità ti appartiene e puoi lavorare su te stessa per migliorarla. Vediamo quindi su cosa si basa il Mindset di un imprenditore di successo e quali sono i passi da compiere per raggiungere dei risultati.

Che tu sia un imprenditore di un piccolo negozio, di un sito, di un'azienda o di una fabbrica questo libro fa proprio per te.

Buona lettura.

I 7 punti del mindset Imprenditoriale

1. Non avere paura dei fallimenti

Quello che a prima vista può sembrare un insuccesso in realtà potrebbe essere il trampolino di lancio verso il successo. Spesso infatti tutto quello che crediamo siano avversità, problemi e disagi sono il nostro più grande vantaggio. Siamo onesti: è la fame che ci spinge a cercare il cibo, se rimaniamo ferme nella nostra comfort zone non riusciremo mai a prendere in mano la nostra vita. Quindi basta cullarci e usciamo allo scoperto: sono le avversità che ti tengono sempre attivo a pronto a combattere.

2. Le cose che capitano sono solo cose

Le situazioni sono solo situazioni, sei tu a trasformarle in motivi di fallimento o di successo. Agisci sempre con intenzione, prendi in mano la tua vita: se lasci che siano le situazioni a decidere per te non andrai mai lontano. Quindi prendi in mano le redini del tuo destino.

3. Scopri la tua forza

Ognuno di noi ha una forza dentro che serve per superare gli ostacoli della vita e andare dritti per i propri obiettivi. Il tuo compito è quello di scoprire questa forza e sfruttarla per affrontare ogni cosa. Spesso non ci rendiamo conto di questo potere e non sappiamo come poterlo usare a nostro vantaggio. Il più delle volte siamo portati solo a vedere gli aspetti negativi di noi e mai quelli positivi: sono questi ultimi che ci fanno andare avanti. Quindi impara a conoscerti e, con un atteggiamento sempre positivo, saprai come tradurre in azioni i tuoi pensieri.

4. Concentrati sulla tue qualità

Quindi valutare la qualità e non la quantità. È sempre meglio riuscire a fare poco ma bene che troppo in maniera errata. Il mindset ti porta a ottenere il massimo senza dimenticarti della qualità: le tue risorse, il tuo tempo, le tue energie si esauriranno se non le rinnovi. Quindi rifletti su quello che c'è da fare e chiediti cosa ti serve per farlo nel migliore dei modi.

5. Dai valore agli altri

Abbattiamo lo stereotipo che l'imprenditore di successo sia un egocentrico: il vero leader è quello che aiuta gli altri, i suoi dipendenti, i suoi amici. È il primo a spingere per il miglioramento totale del team: in un rapporto del genere ci guadagnano tutti. Il più delle volte la vera forza delle aziende sono i suoi collaboratori: sii leader benevolo e propositivo. Sei stato tu il primo che ha avuto bisogno di aiuto nel cambiamento, quindi perché non insegnare anche agli altri come poter migliorare? Se il tuo team sta bene e lavora bene, lavorerai bene anche tu.

6. Continua a imparare

"Il sapere è potere", non esiste frase più vera di questa. Ogni imprenditore di successo non smette mai di studiare e imparare. L'informazione è la conoscenza che si trasforma in capacità, in energia che diventa azione, a beneficio dell'azienda e del tuo lavoro. Non smettere mai d'informarti e formarti e cerca di trasmettere questa risorsa anche alla tua squadra.

7. Pensa e agisci in grande

Il successo non capita ma è un percorso lungo e complesso e si arriva solo puntando dritto verso i propri obiettivi. Quindi punta sempre in alto, pensa in grade e agisci di conseguenza e non permettere mai ai dubbi e ai pensieri negativi di frenarti. Se ci credi davvero, niente e nessuno potrà impedirti di realizzarlo. Sei tu al comando, solo tu.

Gli ostacoli più grandi

Se ragioniamo basandoci su questi ostacoli da dover eliminare una volta per tutte, possiamo considerare anche altre due problematiche:

- L'assenza di basi imprenditoriali e del sistema integrato
- L'utilizzo di metodi assolutamente sbagliati.

Quando ti parlo di assenza di basi imprenditoriali dico che nel tuo negozio non stai usando il giusto mindset, non sei un vero imprenditore e non ragioni come un vero imprenditore.

L'imprenditore

Essere imprenditore si può riferire a quelle idee che una persona trasforma in attività pianificate e svolte in modo corretto. Chi ha uno spirito imprenditoriale, è capace di affrontare positivamente le sfide e i problemi che la vita ogni giorno pone, se parliamo del commercio questo si traduce nell'avvio o nella resistenza di un'azienda che genera dei profitti, economici e non solo.

Vediamo quali sono le caratteristiche tipiche che possiamo trovare in una persona con uno spirito imprenditoriale:

- L'energia

L'imprenditore è un gran lavoratore, ma in modo intelligente. Occorre molta energia mentale e fisica per trovare soluzioni e realizzare i progetti in maniera soddisfacente. Per avere alto il livello di energia, stimola continuamente il cervello e tutti i suoi sensi, così da rimanere vigile e attivo in ogni situazione.

- Desiderio di realizzazione

La voglia di ottenere risultati che genera il continuo impegno nelle attività preposte: atteggiamento positivo e perspicacia permettono di raggiungere i suoi obiettivi.

- Orientamento verso un compito

Affinché le sue idee trovino sviluppi dovranno esser svolte nel tempo giusto e in modo corretto: l'imprenditore sa che il tempo è denaro e che non va sprecato. L'organizzazione è alla base delle sue giornate e della sua agenda.

- Empatia

L'imprenditore è capace d'immedesimarsi nelle persone che vuole aiutare, attraverso la vendita dei suoi servizi e dei suoi prodotti. Sente quello che vuole il cliente, cerca di soddisfarlo e aiutarlo nelle scelte.

- Collaboratori

L'imprenditore sa che da solo non può andare lontano, ma dovrà affiancarsi a persone qualificate a cui insegnare il mestiere. Individua e mobilita le risorse necessarie per portare avanti la sua attività.

- Pianificazione

L'imprenditore ha sempre un piano utile per chiarire la situazione problematica e semplificare il piano d'azione con il quale valutare profitti o eventuali perdite.

- Correre rischi

Chi decide di creare un'azienda o intraprendere un'attività ha ben chiaro quali sono i rischi ai quali andrà incontro. L'imprenditore ha precedentemente svolto un'indagine sui rischi in modo da poterli controllare e gestire qualora si dovessero presentare.

- Innovazione

La capacità di mettere in pratica nuove idee, che permettano d'intraprendere attività uniche, è un altro dei tratti distintivi dell'imprenditore. Per essere innovativi è molto importante informarsi e conoscere: per questo l'imprenditore è sempre attento a tutto quello che potrebbe arricchirlo e non si lascia neanche sfuggire i gossip del settore.

- Competenze

Gli imprenditori hanno conoscenze, modi e competenze pratiche per mandare avanti la loro azienda: tutto quello che sanno e che hanno imparato, viene speso nella gestione, nell'innovazione e nell'amore della propria attività.

- Indipendenza

L'indipendenza presuppone il non dipendere dagli altri. L'imprenditore prendere le sue decisioni e agisce libero da vincoli: esercitano la propria volontà senza esser controllato da terzi.

- Relazioni reciproche

Queste permettono all'imprenditore di ottenere tutte le informazioni di cui ha bisogno e, attraverso questo scambio d'informazioni, concepisce le sue idee e le sue convinzioni.

- Orientamento verso un obiettivo

Gli imprenditori sono sempre orientati verso un risultato e sono esperti nello stabilire i loro obiettivi.

Chi non possiede tutte le caratteristiche tipiche dell'imprenditore, troverà difficoltà a far funzionare la sua impresa in modo soddisfacente. Si potrebbe obiettare che chi possiede conoscenza e abilità, possa riuscire a portare avanti in maniera decorosa un negozio: non proprio. Una persona con conoscenza e abilità non resisterà a lungo: dimostrerebbe poca perseveranza nell'affrontare importanti ostacoli, non si renderà conto delle opportunità e non saprà agire davanti a esse e potrebbe non assumersi il rischio dell'avviare l'impresa. Chi possiede solo conoscenza e caratteristiche personali non saprà come applicarle: non ha le tecniche giuste, è troppo dipendente dagli altri e troppo vulnerabile. L'imprenditore con abilità e caratteristiche imprenditoriale, ma senza conoscenze, potrà avviare l'attività ma la mancanza d'informazione e la familiarità del mercato lo porteranno al fallimento.

Alla luce di queste informazioni, tu hai le caratteristiche del giusto imprenditore? Ti propongo un test: sono una serie di affermazioni che potranno farti ragionare o meno sull'acquisizione delle caratteristiche principali di un imprenditore. Prenditi il tempo giusto e rispondi con sincerità: in caso di mancanza di caratteristiche adatte ricorda che puoi cambiare, dipende solo da te.

- Faccio le cose di mia iniziativa. Nessuno me lo deve chiedere; Se me lo chiedono, faccio le cose; Mi metto a fare qualcosa solo quando non ho più alternative. Così, semplicemente.

- Mi piace la gente. Posso andare d'accordo con quasi tutti; Ho abbastanza amici, non ho bisogno di nessun altro; Ritengo che la maggior parte delle persone sia una seccatura.
- Tendo a proporre iniziative e a riuscire a farmi seguire da tutti; Se qualcuno chiede che cosa si deve fare, mi metto a dare ordini; Lascio che altri prendano l'iniziativa. Io li seguo dopo, se mi va.
- Mi piace incaricarmi di fare le cose e portarle a compimento; Mi incarico di fare le cose se proprio devo, però preferisco che qualcun altro sia il responsabile; C'è sempre qualcuno a portata di mano che vuole dimostrare quanto è intelligente. La cosa migliore è lasciarlo fare.

- Mi piace avere un piano prima di cominciare a fare qualcosa. Di solito sono io a organizzare tutto quando i miei amici e io vogliamo fare qualcosa insieme; Me la cavo bene, a meno che le cose non si complichino. Se succede, mi arrendo; Ogni volta che ci si prepara, succede qualcosa all'improvviso e si rovina tutto. Perciò mi piace occuparmi delle cose quando succedono.
- Posso continuare a lavorare per tutto il tempo necessario. Non mi dà fastidio fare degli sforzi per qualcosa che voglio; Mi sforzo sul lavoro per un po', ma quando mi stanco, lascio perdere; Non vedo l'utilità di sforzarsi troppo.
- Sono capace di decidere rapidamente se dovesse essere necessario. In genere, indovino anche la decisione giusta; Ho bisogno di molto tempo per pensare. Se devo prendere una decisione rapida, poi

me ne pento; Non mi piace essere quello che decide. Sicuramente mi sbaglierei.
- Le persone possono fidarsi di quello che dico. Non dico cose a cui non credo; Cerco di essere onesto la maggior parte delle volte, però a volte dico semplicemente quello che mi risulta più facile; Perché dire la verità se l'altra persona non se ne rende conto?
- Se mi decido a fare qualcosa, non mi ferma niente; A meno che non mi riesca male, in genere, finisco ciò che ho iniziato; Se qualcosa che comincio a fare mi riesce male sin dall'inizio, mi scoraggio o non insisto. Perché preoccuparsi?
- Sono sano come un pesce. Non mi stanco mai; Ho energia sufficiente per fare la maggior parte delle cose che voglio fare; Resto senza energia molto prima dei miei amici.

Mettere in piedi il team: circondati delle persone giuste

Dietro ogni imprenditore ci sono le persone giuste. Lo staff è fondamentale e le ore libere dell'imprenditore passano necessariamente da qui. Senza uno staff non riuscirai mai a staccarti dal tuo negozio o dalla tua azienda. Infatti ogni vittoria si concretizza grazie all'intelligenza e al gioco di squadra.

È questo che fa la differenza tra le piccole e grandi organizzazioni: l'epoca dei solitari è finita da tempo e anche le più piccole imprese hanno bisogno di essere supportate da un team valido e capace. Se vuoi davvero far diventare il tuo negozio un successo, impara a essere un leader e trasmetti il tuo sapere al tuo team: impegno, sacrificio, obiettivi e vittoria.

Alla base di un gruppo non coeso, e che non porta mai risultati vincenti, esistono cinque dinamiche, che sono:

1. L'assenza di fiducia

I componenti della tua squadra devono poter avere fiducia in te, nel loro leader, e sapere che questa fiducia è ricambiata. Non dico di diventare il loro migliore amico, sei sempre il loro capo non dimenticarlo, ma quando manca la fiducia nel capo subentrano la paura e l'incertezza. Lo spirito d'iniziativa dei dipendenti resta bloccato: nessuno lavora attivamente a un progetto di crescita per paura di fallire e deludere le tue aspettative. Se un dipendente ha questo atteggiamento può solo creare situazioni disastrose.

Per valutare se esiste fiducia nel tuo team valuta questi parametri, controlla se i tuoi dipendenti:

- Se sono aperti al confronto e chiedono aiuto in caso di necessità;
- Se condividono le proprie esperienze a vantaggio anche dei colleghi, in un clima di vera e positiva collaborazione.
- Se riconoscono i propri limiti e chiedono aiuto per accrescere le proprie competenze.
- Se, quando commettono errori, ne fanno tesoro e si mettono in moto per trovare la soluzione idonea anziché preoccuparsi solo di nascondere le responsabilità.
- Se durante le riunioni di lavoro si mostrano Interessati, aperti al dialogo con gli altri componenti del team per lavorare sul miglioramento delle performance.

Se questo non avviene, convoca subito una riunione ed eliminate il problema.

2. La paura del conflitto

I conflitti all'interno di una squadra di lavoro sono normali, inevitabili e anche utili. Quindi capiamo come gestirli nel modo migliore. Il conflitto si crea perché i componenti della tua squadra si confrontano per decidere come risolvere un problema o come organizzare un lavoro: ogni componente ha una propria idea e un proprio modo di lavorare. Più sono coinvolti nel progetto e più saranno calati emotivamente nella situazione del lavoro (aspetto assolutamente più che positivo) e quindi sarà maggiore la voglia di difendere la propria idea e la propria posizione. Ecco che nasce un conflitto.

Il conflitto allora va trasformato in un'occasione di crescita per l'intero gruppo: lascia parlare apertamente ogni componente e fai in modo che ognuno dica la sua: la libertà di condivisione è importante e la censura è un reato. Ogni singolo pensiero, anche il più banale, può essere d'aiuto nella risoluzione di problemi o nell'organizzazione della gestione. L'importante è evitare lo scontro personale: l'oggetto di discussione deve essere il problema da risolvere, non altro. Riuscire a risolvere i conflitti in modo positivo migliora la coesione del gruppo e ne aumenta performance e produttività.

3. La mancanza di Commitment

Possiamo definire Il Commitment la cultura dell'impegno, che si manifestata attraverso la volontà di dare sempre il meglio di sé al fine di raggiungere un obiettivo comune. Spesso la difficoltà è proprio alla base delle squadre: poco coese, scarsamente concentrare sull'obiettivo e questo comporta minor produttività e minor efficienza.

Ogni volta che subentrano lamentele su fatti insignificanti, negatività o personalizzazioni fuori luogo, il danno è doppio: si perde tempo ed energia e la negatività influenza anche i colleghi che avrebbero un sano desiderio di dare il meglio di sé, portandoli verso un'attitudine più passiva.

Il tuo compito è quello di spendere le energie di ogni componente per ottenere crescita e sviluppo e per farlo dai il buon esempio: sii disponibile e incoraggia ogni dipendente a esprimere al meglio il suo potenziale. Parla sempre in modo chiaro e semplice: fai luce sulla strategia e sulle aspettative, assegna compiti e mansioni, enfatizza l'importanza del lavoro di ogni membro così da non creare squilibri o lamentele. Cerca, per quanto ti sarà possibile, di stabilire gli obiettivi coinvolgendo sempre la tua squadra.

Se riesci ad accrescere il Commitment, il tuo gruppo sarà più coeso e concentrato sugli obiettivi e i risultati positivi non tarderanno ad arrivare.

4. Il sottrarsi all'accountability

l'Accountability è la responsabilità o l'affidabilità che una persona dimostra nel prendersi carico del risultato da raggiungere. Sono diversi i dipendenti validi e diligenti, attenti e capaci nel proprio compito, che sono però slegati dal resto del team e non sono coinvolti nel raggiungere risultati prefissati.

Se vuoi che il tuo negozio migliori ogni giorno, tutti i tuoi dipendenti devono essere guidati verso lo spirito di squadra: l'accountability è un passo in più che implica di far proprio gli obiettivi della squadra e impegnarsi al massimo per raggiungerli. Muovendosi non più come singolo ma come membro di una squadra unita e compatta.

Per fare in modo che i tuoi collaboratori possano sviluppare questa attitudine, procedi in questo modo:

- Definisci gli obiettivi individuali chiari, raggiungibili e misurabili;
- Predisponi incentivi e premi legati agli obiettivi di squadra, oltre che a quelli individuali.
- Sviluppa l'attenzione alle" best practice ": se un tuo dipendente ottiene un ottimo risultato, fa sì che racconti questa esperienza agli altri.

Queste disfunzioni bloccano la capacità di una squadra e rischiano di diventare dannose per l'intera azienda, portandola irrimediabilmente al fallimento. Se vuoi che la tua azienda sia florida e proficua, fai in modo che queste situazioni non prendano mai piede nel tuo team o, in caso dovessero presentarsi, fai in modo di spegnerle sul nascere.

La riunione aziendale

Le riunioni sono uno strumento di lavoro importante gestire al meglio il nostro negozio e tutte le attività di cui è necessario discutere: organizzazione, contabilità, divisione compiti, risoluzione problemi ma non solo. Le riunioni possono anche diventare un momento conviviale di serenità atto a migliorare la qualità della vita del team.

Spesso però alcuni ritengono le riunioni inefficaci, inefficienti, pesanti, vissute come una perdita di tempo o lente, capaci più di rimandare i problemi che di risolverli, oppure che siano attività rituali da dover svolgere per ottemperare a qualche insolita e poco comprensibile procedura o per obblighi burocratici.

Però sbagliamo a non considerare che anche per le riunioni, come per tutti gli strumenti operativi e gestionali che abbiamo visto, esistono delle tecniche che fanno in modo di renderle più efficaci.

Grazie alle riunioni si possono raggiungere tanti risultati, alcuni attesi e altri solo sperati, si possono prendere decisioni migliori, si ascoltano vari punti di vista, vengono date le idee più innovative e vincenti. Insomma, grazie alla loro messa in atto è possibile riuscire ad avere una marcia in più dei progetti e della creatività che forse manca al nostro negozio.

Iniziamo a pensare alla riunione come uno degli strumenti necessari per il nostro lavoro.

La definizione base della riunione è riassumibile nell'enunciato: "l'incontro tra più persone, insieme di persone riunite".

Esistono diversi tipi di riunioni e ancor più diverso è il modo corretto e il ruolo da assumere al suo interno: in base al tipo di riunione, vengono anche definiti i ruoli base delle persone che vi partecipano.

Le riunioni danno alle persone la possibilità di pensare, pianificare e agire insieme e sono un modo efficiente per assicurare una comprensione comune da parte di tutti i partecipanti su argomenti specifici. Inoltre Permettono la diffusione delle conoscenze e il miglioramento della qualità con lo scambio e la circolazione delle informazioni, hanno sempre degli obiettivi e sono attività comunicative senza dimenticare l'importanza della componente non verbale dei messaggi come l'ambiente in cui viene svolta e il morale psicologico dei suoi partecipanti.

Il più delle volte la riunione è organizzata da tempo e così diventa uno strumento che mantiene la rete organizzativa e gestionale del negozio.

La riunione viene indetta soprattutto quando è necessario un cambiamento di rotta nel modo di gestire o se è necessario prendere delle decisioni importanti. Possiamo dire che una riunione nasce per vari motivi, ma i più importanti sono:

- La costruzione, il mantenimento e la consolidazione delle relazioni interpersonali;
- Lo scambio d'informazioni
- Il miglioramento di una situazione
- Il dibattimento di nuove idee e proposte.
- La valutazione di situazioni critiche

Viste le varie motivazioni che spingono a fissare una riunione, andiamo anche a vedere quali sono i tipi di riunioni che esistono e le loro caratteristiche. Le riunioni, generalmente, possono esser raggruppate in quattro tipologie e non è raro che una riunione nata per uno scopo possa, durante il suo svolgimento, defluire in una tipologia diversa.

1. La riunione informativa: nata per fornire dati e informazioni, aggiornare sulle situazioni, esplicitare linee di gestione, dare disposizioni, diffondere informazioni. Sono quelle che non generano un prodotto innovativo o tangibile. La loro caratteristica è di non dover portare a prendere decisioni ma si possono divulgare informazioni e conoscenze, aggiornarsi, illustrare le attività, consultare. Sono anche le riunioni in cui si ci aggiorna su quanto si è fatto e si illustra ai colleghi le attività o le novità che si saranno nel prossimo periodo. Sono anche riunioni di consultazione durante le quali viene presentato un problema o una proposta

per sentire inizialmente il parere dei convenuti.

2. La riunione consultiva: per raccogliere pareri, valutare situazioni complesse, confrontare specifiche competenze, elaborare possibili scenari alternativi, preparare il momento decisionale. Sono riunioni durante le quali si dibattono dei problemi e che prevedono come prodotto una decisione per attivarne la soluzione. A volte la decisione è rinviata, ma talvolta anche il "non decidere" diventa a sua volta una decisione. Spesso il momento decisionale non occupa tutta la riunione e una parte del tempo può essere dedicata ad informarsi sull'andamento delle attività per completare il quadro conoscitivo dei singoli sulla specifica situazione. Sono le riunioni più complesse dal punto di vista delle dinamiche interpersonali e sono le più

difficili da condurre. Appartengono a questo tipo anche le riunioni di addestramento (come le prove collettive), per le quali il prodotto è una migliore qualità del lavoro di insieme.
3. La riunione decisionale: per produrre una decisione, approvare l'adozione di una raccomandazione, scegliere tra proposte alternative, definire dei piani operativi, stabilire ruoli e responsabilità, avviare dei progetti, negoziare e concordare delle soluzioni.
4. La riunione creativa: per cercare e proporre soluzioni o il miglioramento della qualità. Questo tipo di riunione può avere un forte carattere analitico o sintetico. Sono riunioni che contribuiscono ad aumentare la probabilità di trovare il migliore approccio per affrontare e risolvere un problema. La tecnica utilizzata è nota come

brainstorming, la tempesta d'idee, ed è una tecnica di lavoro di gruppo che privilegia l'uso della fantasia e dell'esperienza per far emergere idee volte alla risoluzione di un problema. In questo tipo di riunione è molto importante realizzare un ambiente di lavoro collaborativo che agevoli la partecipazione per avere i migliori contributi possibili, valorizzando l'intuizione e la creatività dei singoli.

Nel brainstorming si utilizza il lavoro di gruppo con riunioni perché la quantità aiuta a produrre qualità ed è necessario che non vengono emessi giudizi sulle proposte, prendere nota, da parte del coordinatore, di tutto quello che viene detto.

Solo nella fase successiva al brainstorming che le proposte vengono vagliate, verificando come le varie idee potranno essere effettivamente realizzate con tutti i relativi limiti e vincoli.

Una riunione non ha un limite di tempo ma, tendenzialmente, si raccomanda di non superare mai le due ore perché poi potrebbero subentrare stanchezza e calo d'interesse da parte dei partecipanti o magari interromperla con delle pause di media o breve durata prima della ripresa.

In ogni riunione che si rispetti è necessario stabilire i ruoli che saranno ricoperti: se da un lato troviamo tutti i partecipanti, coloro che fanno parte dello staff, intenti ad ascoltare e prendere appunti, dall'altro lato troviamo colui che tiene banco, la persona che ha in mano il "martelletto" del potere ovvero il coordinatore della riunione.

Il coordinatore può essere la persona che ha stabilito la necessità della riunione e la sua convocazione oppure qualcuno delegato dal titolare o chi riveste un ruolo istituzionale all'interno della tua attività. Il coordinatore è colui che stabilisce la gestione e il controllo dell'evento, definisce l'obiettivo e sceglie quale tipo di riunione sarà eseguita. Il coordinatore è anche colui che sceglie quali e quanti saranno i partecipanti alla riunione: in realtà più grandi non sempre vengono convocati tutti i dipendenti ma, se la tua attività lo permette, ti consiglio sempre di coinvolgere tutti i membri del tuo staff all'interno delle varie riunioni.

Essa infatti è un ulteriore lavoro di gruppo e, se consideriamo la psicologia, il coordinatore deve riuscire a coinvolgere ogni partecipante per farlo sentire sempre membro speciale di una grande famiglia.

Compito del coordinato è quello di progettare la riunione e gestendola con gli strumenti che ritiene siano più utili. Nell'organizzazione deve: arrivare per primo; verificare che il luogo in cui si svolgerà la riunione sia adatto e primo di stimoli che potrebbero distrarre i partecipanti; che l'arrendo sia funzionale allo svolgimento della riunione e che siano presenti tutti i supporti logistici come sedie, scrivanie, penne, acqua e altre bevande.

Ma sappiamo come partecipare in maniera attiva e funzionale ad una riunione? Vediamo quali sono quindi le cose da fare assolutamente e quali invece vanno evitare per far risultare la nostra presenza durante una riunione davvero perfetta:

- Verificare il proprio interesse a partecipare alla riunione.
- Valutare la propria disponibilità per la data e l'ora della convocazione e

avvisare tempestivamente il Coordinatore se non sarà possibile partecipare.

- Leggere con attenzione l'agenda (ordine del giorno) inviata con la convocazione.
- Informarsi su come arrivare al luogo della riunione
- Sentirsi pronti e all'altezza della situazione e prepararsi sugli argomenti trattati raccogliendo e studiando la necessaria documentazione e approntando il materiale
- Arrivare puntuali o avvisare (prima) il Coordinatore in caso di ritardo.
- Eliminare ogni potenziale azione di disturbo: meglio spegnere i telefoni e non utilizzare i computer portatili se non per diretta necessità dell'incontro.
- Ascoltare attentamente gli interventi altrui e astenersi da commenti personali

che non siano strettamente necessari al corretto svolgimento della riunione
- Preparare gli interventi ed evitare le ripetizioni che sono una delle principali cause di cattivo uso del tempo. Utilizzare una buona tecnica espositiva per parlare in pubblico
- Mantenere un atteggiamento positivo e collaborativo.

Tutte cose molte semplice e scontate, ma spesso non è così. E se queste sono le cose da fare durante una riunione, ti sei mai chiesto cosa rende una riunione inutile e poco funzionale? Ecco qui una bella sintesi dei più grandi "sintomi" delle riunioni malate.

- Non sono chiari gli obiettivi.
- Non sono ben definiti e chiari i ruoli nella riunione
- Non sono chiare le regole di conduzione della riunione.

- Sono presenti persone non coinvolte negli argomenti in discussione o mancano delle persone di riferimento importanti per la discussione.
- Le riunioni non sono prese in seria considerazione: le persone arrivano tardi, se ne vanno presto, non danno sufficiente attenzione a quanto avviene durante la riunione.
- Le riunioni sono troppo lunghe.
- Le persone non hanno compreso gli obiettivi della riunione e gli argomenti all'ordine del giorno.
- Viene speso troppo tempo nel divagare piuttosto che nel discutere sui temi specifici della riunione.
- Le discussioni sono lunghe con eccessive ripetizioni.
- L'ordine del giorno non viene rispettato e si parla di troppi argomenti.

- C'è molta discussione ma con poca sincerità.
- Mancano alcune importanti informazioni e le decisioni devono essere rimandate.
- Si percepisce senso di frustrazione o di noia nei partecipanti.
- Nulla accade al termine della riunione; le decisioni prese non vengono convertite in azioni.
- Le riunioni non migliorano perché i partecipanti fanno sempre gli stessi errori.

Ora che sai come svolgere una riunione e qual è la sua importanza, metti in pratica subito questi accorgimenti e convoca una riunione con il tuo staff.

Cambia la tua mentalità

Il tuo commercio cresce nella misura in cui cresci tu: per farlo nella maniera migliore, devi puntare tutto sul Mindset.

Avere il giusto mindset è quello che accomuna tutte le persone di successo, sia nella vita privata che in quella professionale. Cambiare personalità è il punto di partenza che ti permette di affrontare ogni problema della vita, dalle scelte più complesse a quelle più semplici, con una mentalità da vero imprenditore e professionista.

Nella vita ci sono tante cose che non puoi controllare, semplicemente perché non dipendono da te. Ma ce ne sono altre in cui sei proprio tu a fare la differenza. Tra queste ci sono la tua mentalità, le tue competenze e le tue abilità. Tutti gli strumenti di cui hai bisogno per raggiungere i tuoi obiettivi sono già dentro di te: non devi creare nulla, ma solo trovare il modo giusto per farli emergere e sfruttarli al massimo.

Il cambio di prospettiva nei confronti della realtà è un bene: è questo ciò che ti aiuta ad affrontare gli ostacoli con una predisposizione d'animo diversa e un diverso modo di valutare le vie di fuga per uscire sempre a testa alta da ogni situazione.

Con Mindset ci riferiamo allo stato mentale abituale di un individuo: questo ha un ruolo fondamentale sul modo in cui svolgi i compiti di tutti i giorni, prendi le decisioni e affronti le sfide che la vita ti pone davanti. La tua mentalità è formata da tutti i condizionamenti e dalle credenze che hai assimilato nel corso della vita: questo bagaglio culturale è ciò che determina l'atteggiamento abituale che muove le tue azioni e il tuo modo di reagire nelle varie circostanze.

Quindi possiamo definire il Mindset il modo con cui reagisci di fronte alle situazioni.

Per capire come cambiare la tua mentalità devi prima riconoscere e sapere quali sono i tuoi limiti, le tue paure, le tue difficoltà: sono queste a farti credere di non poter affrontare alcune situazioni e sono sempre loro a farti vedere il lato negativo di ogni situazione.

Il Mindset contiene due tipi di mentalità. La suddivisione si basa sul presupposto che tutti abbiamo delle qualità e delle abilità innate ma che, in alcuni individui, possono esser più accentuate:

- Fixed mindset: tipica di chi ha una mentalità fissa, è pensare che le proprie qualità, come l'intelligenza, la logica o il talento, siano delle qualità fisse, immutabili. Crede inoltre che queste

possano svilupparsi da sole, senza l'impegno e lo sforzo;
- Growht mindset: tipica di chi pensa che le proprie qualità di base e le proprie abilità possano essere accresciute e perfezionate attraverso lo studio e la pratica.

La differenza fra le tue tipologie di mentalità è l'azione: chi crede di non poter migliorare quello che ha già, non ci prova neanche a considerare l'idea di poter modificare la propria mente; le persone di successo invece credono di poter far tutto da soli grazie al loro impegno.

Ma come possiamo abbandonare la mentalità fissa e passare a una in continua crescita? Solo con tanta e tanta pratica: è questo il modo migliore per riuscire a fissare i concetti teorici e realizzare quelli che sono per noi buoni propositi. Non devi fare altro che tradurre in attività reali e utili le tue intenzioni.

Per farlo devi riuscire ad acquisire un nuovo Mindset: introduci nella tua mente solo concetti positivi che possono essere utili nella tua vita personale e professionale. E non pensare che la mentalità sia qualcosa di difficile da cambiare: sì, la strada è lunga e dovrai esser davvero motivato, ma puoi riuscirci.

Esistono dei passaggi specifici che compongono il procedimento più indicato per cambiare mentalità:

- Prendere consapevolezza della propria mentalità fissa: quello che ti impedisce di raggiungere i risultati che vuoi risiede nelle tue paure e nelle tue falsate convinzioni;
- Convincersi di poter cambiare: la consapevolezza di poter realmente cambiare è una fase saliente del processo;
- Accettare gli errori;

- Ragionare come se avessi già un mindset vincente;
- Agire secondo il growht mindset: ascoltati, agisci, cadi, rialzati e accetta tutte le sfide che hai davanti.

Queste sono le tappe del percorso che ti permetteranno di cambiare mindset. Quando lo avrai completato sarai in grado di prendere le migliori decisioni nella tua vita quotidiana e, soprattutto, per la tua attività.

L'errore più comune che possiamo commettere quando decidiamo di cambiare mentalità, è quello di poter fare tutto da soli: mi dispiace dirlo ma per molti individui si rende necessario l'aiuto da parte di un professionista, quello che viene chiamato Coach. Questo professionista ha provato prima di noi ha cambiare mentalità, ci è riuscito e ora insegna agli altri come fare.

Visto che noi parliamo di negozi e commercio, quello di cui abbiamo bisogno non è un professionista qualsiasi ma un Business Coach: un valido aiuto per avviare il processo di cambiamento, esaltare le nostre qualità e far crescere il nostro business.

Tutti i più grandi imprenditori hanno sviluppato una mentalità improntata alla continua crescita e hanno sviluppato un vero e proprio business mindset, o mindset imprenditoriale: è un sistema di conoscenze che ti permetteranno di avere successo come professionista e di far crescere il tuo negozio e la tua azienda.

Ecco quali sono le caratteristiche che vengono richieste da chiunque voglia improntare il proprio Mindset al successo:

- Focalizzarsi sugli obiettivi;
- Esser resilienti, non arrendersi di fronte alle avversità;

- Cercare soluzioni semplici a problemi complessi;
- Imparare dagli errori e non lasciarsi scoraggiare;
- Accettare le critiche costruttive;
- Creare valore con ciò che si produce;
- Assumersi le responsabilità delle proprie scelte.

Ma Il processo di cambiamento non finisce quando riesci a raggiungere il giusto mindset: è in quel momento che inizia il lavoro più duro. Il mindset va anche mantenuto nel tempo. Finché tutto va bene niente può demotivarci ma quando invece arriva un problema o un periodo particolarmente stressante o critico, come mantenere vivo il Mindset?

Per evitare di vacillare ricordati di:

- Fissare gli obiettivi a inizio giornata;

- Tenere nota, a fine giornata, di almeno tre cose per cui sei grato;
- Circondarsi di persone che ammiriamo;
- Donare agli altri;
- Ridere e sorridere;
- Non smettere mai di crescere: nella vita non si finisce mai di apprendere e migliorare, per questo ti esorto a imparare almeno una cosa nuova ogni giorno.

Più riuscirai a mantenere il tuo mindset positivo e improntato al successo, più facile sarà raggiungerlo tutte le volte che vorrai.

Le persone giuste in ogni azienda o in ogni negozio

Ma per quanto un negozio possa esser ben fatto, usare tutte le strategie giuste e guidarsi verso il modo corretto di far commercio, c'è ancora una cosa che manca all'appello, anzi più di una. Le persone che vivono quotidianamente il negozio. Mi riferisco a te, il titolare, al responsabile del tuo punto vendita e al commesso venditore.

Se pensavi che questi tre ruoli potessero essere ricoperti da una sola persona, ti sbagli di grosso: ognuna di queste figure ricopre un ruolo e ha delle funzioni specifiche e la sua permanenza all'interno dell'attività porta solo benefici organizzativi, amministrativi e fiscali. E non dimentichiamo il tempo libero che tu finalmente riuscirai ad avere.

Lo Store Manager: le mansioni del responsabile.

Lo Store Manager è il responsabile del punto vendita, una delle figure professionali di alto livello del settore Retail, e per questo motivo potresti anche trovare il suo ruolo sotto la voce "Retail Manager".

Il suo compito è quello di gestire ogni aspetto legato all'operatività del negozio: Amministrazione, Marketing operativo, Organizzazione e gestione dello staff. È il punto di riferimento per tutti i lavoratori del negozio e riporta ogni cosa che avviene nello stesso al titolare.

Il suo compito principale è quello di occuparsi della gestione economica, dell'organizzazione del personale e della supervisione di tutte le attività che si svolgono nel punto vendita.

Per quanto riguarda la gestione economica, ogni negozio ha dei target di vendita da raggiungere, degli obiettivi che il titolare chiede al suo staff di perseguire. È compito del responsabile del negozio raggiungere questi obiettivi: per farlo raccoglie i dati delle vendite e svolge un lavoro di analisi e documentazione di tutti quelli indicatori che sono utili per valutare l'andamento vendita del negozio. Così facendo riferisce al titolare quali sono state le prestazioni del team e quelle dei singoli commessi, individuando le migliori strategie per ottimizzare le vendite: può infatti proporre di ricorrere a promozioni, offerte speciali, campagne pubblicitarie oppure bonus e incentivi per i dipendenti.

Lo Store Manager è anche il responsabile del personale: tra i suoi compiti c'è quello di assicurare che il negozio abbia un numero sufficiente di addetti per essere operativo.

Svolge quindi anche funzioni di addetto alle risorse umane: gestisce i turni e le ferie, pubblica le offerte di lavoro, seleziona il personale, supporta i lavoratori e si assicura che ogni dipendente riceva la giusta formazione per svolgere al meglio il suo compito. Soprattutto si occupa di assicurarsi che i dipendenti siano preparati all'accoglienza del cliente: uno dei più importanti fattori che determinano il successo di un negozio, dal benvenuto, alla gestione di reclami, all'assistenza, alla fine della vendita, al congedo e all'augurio che il cliente torni a fare acquisti nel punto vendita.

Ultimo compito è quello di controllare l'organizzazione del negozio: deve assicurarsi che i prodotti siano ben collocati, che il locale sia pulito e ordinato, sempre rifornito e che non abbia carenze di alcun tipo. Coordina i prezzi, gestisce i contatti con i fornitori, si informa sulle giacenze del magazzino e controlla che i resi dei prodotti avvengano nella maniera corretta. È suo il compito di assicurare anche il rispetto delle norme igienico-sanitarie e quelle riguardanti la sicurezza sul lavoro.

In alcuni casi potrebbe anche occuparsi dell'apertura e della chiusura del negozio, di verificare la contabilità giornaliera e procedere alla chiusura fiscale. Interviene in prima linea in caso di lamentele in modo diretto ed efficiente per risolvere il problema.

La cosa fondamentale è che qualsiasi punto vendita, di qualsiasi settore, ha bisogno di uno Store Manager. Sia che tu abbia un negozio di abbigliamento, scarpe, alimentari, bricolage, articoli sportivi, cosmetici, elettronica, arredamento, ottica, telefonia o elettrodomestici questa figura non può assolutamente mancare.

È anche l'impiegato che ha il numero di ore di lavoro più alto di tutto lo staff: segue l'orario di apertura del negozio e può anche lavorare nei giorni festivi.

Il commesso venditore: dalla vendita all'esperienza del cliente

Il commesso venditore è la figura chiave di ogni negozio: è colui che si occupa dell'accoglienza del cliente e che lo supporta negli acquisti, vendendo i prodotti che sono presenti all'interno del punto vendita.

Le principali mansioni di un commesso venditore riguardando appunto l'accoglienza del cliente e fare in modo che abbia la migliore esperienza di acquisto possibile: suo è il compito d'informarsi sui bisogni e sui desideri del cliente, consiglia e supporta durante l'acquisto, fornisce tutte le informazioni in suo possesso sulla merce presente nel negozio. Spiega le caratteristiche, l'uso, il funzionamento dei prodotti e informa il cliente se ci sono promozioni in corso. Conosce perfettamente la collocazione di ogni prodotto presente all'interno del negozio, la sua disposizione e il costo.

Per esempio il commesso venditore di un negozio d'abbigliamento fornisce consigli su taglie, abbinamenti di colore e stile dei vestiti, propone alterative che assecondino i gusti del clienti. Quello di un negozio di elettronica è aggiornato su ogni aspetto della tecnologia, conosce le ultime uscite presenti sul mercato ed è in grado di fornire assistenza e informazione sulle caratteristiche di ogni apparecchio.

Il compito di un commesso venditore inoltre si estende alla gestione del punto vendita, in particolare deve: prelevare la merce dal magazzino, sistemare i prodotti, applicare l'antitaccheggio, riordinare e riassortire i reparti, mantenere pulito e in ordine l'ambiente; sorveglia il comportamento dei clienti prevenendo atteggiamenti inadeguati o dannosi, usa il registratore di cassa, allestisce la vetrina, effettua l'inventario e si occupa delle merci in entrare e in uscita dal magazzino.

È importante che il commesso venditore abbia molta resistenza fisica, visto che il suo lavoro si svolge prevalentemente in piedi, è che abbia una buona dose di pazienza e resistenza allo stress, così da soddisfare e tener testa anche ai clienti più ostici.

La sua permanenza all'interno del negozio è divisa per turni: copre le aperture e le chiusure, può lavorare nei fine settimana e anche nei giorni festivi.

Il titolare: il marketing strategico e la gestione finanziaria

Il titolare del negozio o dell'attività, è la figura a capo dell'intera attività. Il negozio è il suo, è lui il proprietario: spesso la figura del titolare, soprattutto nelle realtà più piccole, assume anche i compiti che svolge il Retail Manager.

Il suo obiettivo principale è quello che riguarda la strategia di marketing e la gestione finanziaria del negozio: collabora con i professionisti del settore, si rende disponibile a incontrare i suoi dipendenti, indice riunioni e svolge una presenza fissa all'interno del negozio.

Nonostante il motore siano i commessi, spesso i clienti hanno la necessità di vedere la sua presenza all'interno del negozio.

Tra le sue altre principali responsabilità, possiamo includere:

- La pianificazione del negozio, della vendita e di tutti i reparti dell'azienda;
- La gestione dello staff e la distribuzione dei compiti;

- Assicurare che le lamentele dei clienti vengano gestite in modo professionale ed efficiente;
- Determinare i requisiti dei membri dello staff;
- Applicare le politiche di prezzo;
- Garantire che il negozio abbia un inventario adeguato, che la merce venga commercializzata in modo opportuno e che sia pulito e ben mantenuto;
- Stabilire gli obbiettivi di vendita;
- Supervisionare e dirigere i membri dello staff;
- Riesaminare le prestazioni della struttura al fine di valutare gli obiettivi di vendita, i costi del lavoro e i guadagni sulle vendite;
- Riesaminare e utilizzare i report mensili di profitti e perdite per rispettare il budget;

- Completare i rapporti di vendita settimanali, trimestrali e mensili e assicurando gli obiettivi di vendita;
- Analizzare ricerche di mercato e tendenze per calcolare la domanda dei consumatori, il potenziale volume di vendita e gli effetti dell'attività della concorrenza sulle vendite;
- Determinare nuovi prodotti e servizi da vendere;
- Determinare il potenziale di vendita e i requisiti dei prodotti e dei servizi in inventario;
- Monitorare le preferenze dei clienti;
- Individuare, selezionare e procurare merce per la rivendita;
- Sviluppare e applicare strategie di marketing;
- Creare e applicare piani d'azione in modo da massimizzare le vendite e

migliorare la rendita generale dell'esercizio;
- Progettare vendite e determinare la redditività di prodotti e servizi;
- Sviluppare e applicare strategie per acquisire nuovi clienti (ad esempio tramite tecniche di vendita diretta e pubblicità);
- Organizzare l'esibizione funzionale dei prodotti ed eventi speciali all'interno del negozio;
- Mantenersi aggiornati sulle ultime tendenze di mercato del settore, e sull'attività della concorrenza;
- Comprendere il mercato locale e determinare le possibilità di crescita dell'attività commerciale;
- Assicurarsi che tutti i dipendenti aderiscano alle politiche e procedure aziendali in tema di salute e sicurezza.

Per essere un bravo titolare, ti verranno richieste anche particolari qualifiche e competenze, come:

- Una comunicazione chiara, che crei un ambiente positivo e trasparente con dipendenti, colleghi e clienti;
- Una personalità amichevole e coinvolgente che permetta di stabilire interazioni positive con i clienti;
- Capacità d'ascolto e comprensione, verso clienti e dipendenti;
- Eccezionali capacità di leadership e team-building;
- Essere in grado di creare un ambiente di lavoro positivo;
- Essere intraprendenti, energici e dimostrare grande spirito d'iniziativa;
- Essere dinamici e orientati all'obbiettivo;
- Capacità analitiche, decisionali e di problem-solving: quindi riuscire a

identificare e risolvere i problemi tempestivamente, essere in grado di raccogliere e analizzare dati qualitativi e quantitativi;
- Una grande attenzione ai dettagli.

Conclusione: il glossario dell'imprenditore di successo

Prima di salutarci un ultimo consiglio: se vuoi davvero risultare credibile manca ancora un passo: imparare il giusto linguaggio.

L'imprenditore di successo è al passo dei tempi, anche per la semantica e quindi usa i termini corretti in ogni situazione e in ogni contesto. Fai tuoi questi nuovi vocaboli e inizia la tua nuova vita d'imprenditore.

Grazie per aver letto le mie parole.

Accomandanti: nella società in accomandita semplice, sono i soci che, per le obbligazioni sociali, rispondono limitatamente alla quota conferita. Tali soci non possono svolgere atti di amministrazione, ma hanno il diritto alla comunicazione del bilancio, del conto economico, nonché di verificarne l'esattezza in base alle scritture contabili.

Accomandatari: nella società in accomandita semplice, sono i soci che per le obbligazioni sociali rispondono illimitatamente, ossia anche con il loro patrimonio personale. Tali soci hanno il potere di amministrazione della società.

Activity Based management: attività dell'impresa basata sulla gestione per processi (vedi).

Action plan: serie di attività programmate all'interno di un'impresa che indicano cosa deve essere attuato, entro quando tale attività deve essere completata e chi ne è il responsabile.

Amministratore delegato: componente del consiglio d'amministrazione di una società, a cui il consiglio stesso può delegare alcune funzioni determinando i limiti della delega.

Amministratore giudiziario: l'amministratore nominato dal Tribunale, in presenza di gravi irregolarità riscontrate nell'amministrazione, a seguito di denuncia da parte dei soci che rappresentino almeno un decimo del capitale sociale.

Amministratore unico: è l'organo amministrativo delle società che affidano l'amministrazione a una sola persona. In tal caso, i poteri di amministrazione sono esercitati da tale unica persona anziché dal consiglio d'amministrazione.

Analisi costi benefici: si intende un'analisi volta a valutare la convenienza di un determinato progetto di investimento, allo scopo di decidere se metterlo in atto.

Autoconsumo: si realizza quando un soggetto esercente attività destina un bene a finalità diverse da quelle aventi ad oggetto la propria attività; si realizza l'autoconsumo quando, a esempio, si destina un bene a uso o consumo, personale o familiare. Al verificarsi di tale fattispecie, che viene assimilata alla cessione, è prevista l'emissione di un'autofattura rilevante ai fini IVA e alle imposte sui redditi.

Autofattura: documento la cui emissione è prevista per legge al verificarsi di determinate fattispecie. Si definisce tale a esempio, sia la fattura emessa da un determinato soggetto in sostituzione del soggetto effettivamente obbligato ad emetterla e sia quella emessa nei confronti del medesimo soggetto che la emette che in tal caso funge contemporaneamente sia da cedente che da acquirente (vedi autoconsumo).

Autostima: gli psicologi definiscono l'autostima come «l'unità centrale del nostro essere», il motore delle nostre azioni, l'origine degli atteggiamenti mentali vincenti o perdenti. Avere autostima non significa arroganza o prepotenza, ma l'assoluto rispetto di sé e degli altri. Caruso ha introdotto il concetto di 'autostima d'impresa'.

Barriere all'entrata: gli ostacoli di natura economica, finanziaria, organizzativa, conoscitiva, legale e di altro genere che un'impresa deve superare per poter entrare in un settore di mercato.

B2B. Business to business: l'espressione indica generalmente i rapporti tra imprese nel mercato dei prodotti industriali. Quest'ultimo si caratterizza per il fatto che acquirente e venditore perseguono gli stessi obiettivi e hanno simili configurazioni organizzativo-decisionali.

B2C. Business to customer: l'espressione indica l'insieme delle transazioni commerciali di beni e servizi tra imprese e consumatori finali. E' l'azienda a determinare il prezzo dell'oggetto o del servizio oggetto della transazione. Processo decisorio inverso è descritto dal C2B.

B2E. Business to employess: si tratta di un'evoluzione del commercio elettronico, ove viene prevista la fornitura di servizi e prodotti da parte di un'impresa verso i suoi dipendenti e collaboratori, diretti e indiretti.

B2G. (Business to government): si tratta di una parte del commercio elettronico che vede protagoniste le imprese del mercato che offrono servizi e prodotti ad agenzie e strutture pubbliche via Internet.

B2P. (Business to partner): si intende per B2P quelle attività che consentono alle imprese di gestire in modo completo i rapporti con i propri partner, sia nella distribuzione (Supply Chain a valle) che nell'approvvigionamento.

Best practice: con riferimento a prestazioni o indicatori aziendali, rappresentano i migliori esistenti al mondo.

Business plan: esposizione degli obiettivi che l'impresa vuole perseguire nel breve e nel medio periodo in termini di strategia, costi, fatturato e profitti. Un business plan può riguardare anche la realizzazione di un singolo progetto di sviluppo all'interno dell'impresa. Un business plan da presentare a una banca al fine di ottenere il finanziamento a un progetto deve contenere: Descrizione sommaria del progetto d'investimento e illustrazione del tipo di impresa/nuovo prodotto che si intende creare. Presentazione dell'imprenditore e del management (esperienze pregresse e ruoli nella nuova iniziativa). Indicazioni sul mercato, sulle caratteristiche della concorrenza e su fattori critici (punti di forza e punti di debolezza rispetto al mercato). Obiettivi di vendita e organizzazione commerciale. Ricerca di mercato. Descrizione della fattibilità tecnica del progetto d'investimento relativamente al processo produttivo, alla necessità di investimenti in impianti, alla disponibilità di manodopera e di servizi quali trasporti, energie, telecomunicazioni. Piano di fattibilità economico - finanziaria quadriennale o quinquennale con indicazione del fabbisogno finanziario complessivo (per investimenti tecnici, immateriali e per capitale circolante) e delle relative coperture. Informazioni sulla redditività attesa dell'investimento e sui fattori di rischio che possono influenzarla negativamente, partendo da ipotesi realistiche e prudenziali. Indicazione degli investitori coinvolti e la proposta di partecipazione richiesta alla banca/finanziatore. Sintetica valutazione dell'impatto ambientale del progetto. Piano temporale di sviluppo delle attività.

Business to business (b2b): rapporto di scambio tra due imprese, in particolare tra chi vende e chi compra.

Business to customer (b2c): rapporto di scambio tra un'impresa e un consumatore.

Capacità ottimale d'impresa: livello di produzione che ne minimizza il costo unitario.

Cash flow: la quantità di denaro che in un dato periodo di tempo è entrata ed è uscita dalle casse dell'impresa, indipendentemente da debiti, ammortamenti e altri impegni.

Commercio elettronico e-commerce: la gestione attraverso Internet di una transazione economica composta da alcune o da tutte le seguenti fasi: offerta, ordine, se possibile consegna digitale del prodotto, processo di pagamento.

Costo del lavoro: il costo del lavoro rientra fra i costi della produzione in un'impresa. Esso non comprende solo il salario corrisposto ai lavoratori, ma anche i contributi sociali obbligatori versati sia dall'imprenditore (per la maggior parte), sia dai lavoratori stessi. Normalmente il costo del lavoro rappresenta la parte più consistente dei costi della produzione.

Cross selling: la predisposizione del cliente a fornirsi dallo stesso produttore, di prodotti diversi.

Differenziazione: è un elemento base del marketing e un importante strumento di vantaggio competitivo. Infatti, il successo di un prodotto può essere dovuto alla sua capacità di essere o di apparire diverso rispetto al prodotto della concorrenza.

Ditta: è il nome commerciale dell'imprenditore e lo individua come soggetto di diritto nell'esercizio di un attività d'impresa.

Dumping: vendita di un bene o di un servizio su di un mercato estero (mercato di importazione) a un prezzo inferiore a quello di vendita (o, addirittura, a quello di produzione) del medesimo prodotto sul mercato di origine (mercato di esportazione).

E-business: consiste nell'utilizzo delle tecnologie informatiche di networking nei processi economici. In particolare, fanno parte dell'e-business tutti gli scambi condotti attraverso le reti di telecomunicazione e in particolare tramite Internet.

Economia aziendale: è la disciplina scientifica dedicata all'elaborazione di conoscenze e teorie utili per il governo economico dei sistemi sociali di ogni ordine.

Eco Label: marchio di "qualità" di cui si può avvalere l'impresa che promuove lo sviluppo e l'uso di prodotti con minore impatto ambientale e fornisce ai consumatori una trasparente informazione su di essi.

Flusso di cassa: è la somma del reddito netto di una società, degli ammortamenti e degli accantonamenti a riserva. Vedi glossario dei termini finanziari.

Franchising: accordo di collaborazione che vede da una parte un'impresa con una formula commerciale consolidata (affiliante, o franchisor) e dall'altra una società o una persona fisica (affiliato, o franchisee) che aderisce a questa formula.

Front office: termine mutuato dalla lingua inglese che indica personale o strutture dedicate all'interno di un'impresa quali interfaccia di questa nei confronti del mercato e dei clienti in genere. Il Front Office di un'impresa solitamente svolge funzioni di interazione quali pre-vendita, vendita, supporto. .

Identità dell'impresa: l'impresa va considerata come una persona con la propria identità, e cioè l'insieme di princìpi, regole e valori.

Imitazione servile: l'imitazione servile viene commessa da un'impresa che, al fine di confondere il pubblico e gli acquirenti in generale sulla provenienza dei prodotti venduti, presenta il frutto della propria produzione sotto forme del tutto simili a quelle di un'altra impresa.

Immagine dell'impresa: è la rappresentazione verso il mondo esterno di due componenti dell'impresa, una cognitiva e una emotiva. La prima è costituita dai numeri, dai fatti, da esperienze dirette o indirette avute con l'impresa, dai comportamenti, dalle risposte. La seconda è costituita dal coinvolgimento emotivo, dal ricordo, dalla tradizione, dai valori, dall'orientamento personale di chi esprime la valutazione.

Intelligenza emotiva: è la capacità di essere intelligenti nella sfera delle emozioni, ha un'enorme importanza per l'impresa e uno dei compiti del leader è esercitare la propria intelligenza emotiva e stimolarla tra i propri dipendenti.

Leadership: nella piccola o micro impresa, la leadership coincide, solitamente, con l'imprenditore, che, quindi, può essere definito il leader, nella media e grande impresa la leadership, generalmente, è costituita dai più alti dirigenti, definiti anche top management.

Marchio: segno distintivo, costituito da un emblema, un'icona o da una denominazione impressi o applicati sui prodotti. Si differenzia dalla marca (ad esempio Nike è la marca, il disegnino a forma di ala impresso sulle scarpe il marchio).

Marketing: l'insieme delle azioni di un'impresa volte a creare un circolo virtuoso tra impresa e mercato (definizione di E. Caruso). Vedi Glossario del marketing.

Marketing di massa: marketing basato su un'interpretazione omogenea del mercato, per cui non esistono i segmenti.

Marketing, Direct: il direct marketing è un marketing interattivo che utilizza uno o più media pubblicitari che consentono di ottenere una risposta misurabile e/o una transazione. Si caratterizza per la sua capillarità e selettività; riesce a personalizzare la comunicazione tra impresa e cliente costruendo un marketing mix personalizzato per il cliente.

Marketing interno: insieme delle attività dell'impresa volte a comunicare con i suoi clienti interni, ovvero l'intero personale, in modo da formarlo, motivarlo e renderlo partecipe, con la finalità ultima di soddisfare e servire il cliente in modo efficace ed efficiente.

Marketing mix: l'insieme delle politiche di marketing che coinvolgono: il prodotto/servizio, il prezzo, la promozione e la vendita.

Merchandising: è definito come l'insieme delle tecniche, a differenti livelli, orientate a vendere, alle condizioni migliori, nei più appropriati punti di vendita e cioè a meglio comunicare l'attrattiva dei prodotti agli occhi del consumatore.

Motivazione: concetto psicologico correlato all'intensità e alla direzione del comportamento dell'uomo. Ad esempio, il perché due persone con le stesse capacità hanno livelli di prestazione diversi o il perché una persona si impegna a fondo in un compito e ne trascura un altro, possono trovare spiegazione in termini di motivazione.

Multinazionale: un'impresa multinazionale, in ambito economico, è un'impresa che organizza la sua produzione in almeno due paesi diversi.

Networking: ogni struttura interconnessa richiede la presenza di un sistema operativo di rete. Spesso le reti sono diverse tra loro e vengono suddivise in segmenti, collegati fra loro da apparati specifici quali bridge e router. Un sistema di networking che collega personal computer presenti tutti nello stesso edificio viene chiamato LAN (o rete locale), un networking che collega invece personal computer in sedi distanti viene chiamato WAN (o rete geografica).

Nicchia di mercato: è un piccolo segmento di mercato, inteso come gruppo di acquirenti che presentano caratteristiche comuni verso cui in genere le piccole e medie imprese concentrano i loro sforzi differenziando il più possibile il prodotto. Si tratta di segmenti di mercato non occupati né occupabili dalle grandi imprese (poca flessibilità e mancanza di convenienza economica).

Ordinaria amministrazione: nelle imprese, sono tali gli atti compiuti per il conseguimento dello scopo sociale, rientranti nella nozione di "gestione normale", sulla base dell'attività esercitata e delle dimensioni della stessa.

Packaging: l'insieme degli elementi e materiali usati per confezionare il prodotto (struttura, etichetta e imballaggio), al fine di renderlo più attraente, più riconoscibile, o per facilitarne il trasporto e l'utilizzazione.

Partnership: relazione di collaborazione tra due (o più) imprese, regolamentata da un contratto, centrata su uno o più progetti comuni o complementari, che prevede un grado variabile di integrazione tra le risorse delle imprese coinvolte.

Persona fisica: secondo l'ordinamento italiano sono persone fisiche gli individui che con la loro nascita diventano soggetti rilevanti ai fini del diritto, in quanto secondo l'articolo 1 del Codice civile divengono titolari di diritti e doveri, cioè acquisiscono la capacità giuridica. Con il raggiungimento della maggiore età la persona fisica acquisisce la capacità di agire, cioè la possibilità di porre in essere atti rilevanti ai fini giuridici. Al momento della morte dell'individuo si estingue anche la sua personalità giuridica.

Persona giuridica: in diritto, con la locuzione persona giuridica si intende un soggetto di diritto costituito da persone fisiche e beni che si uniscono per raggiungere fini comuni, cui l'ordinamento giuridico riconosce la capacità giuridica

Posizionamento: con il posizionamento l'impresa definisce la posizione che la propria offerta dovrà assumere rispetto alla domanda e rispetto alle caratteristiche dell'offerta della concorrenza, sul mercato obiettivo.

Produttività: può essere definita come il valore dell'output per unità di condizioni produttive (fattori di produzione) impiegate, misurabili con indicatori complessivi (valore aggiunto per addetto, fatturato per unità di capitale investito)

o con indicatori più semplici riferiti a singole unità aziendali (reparto produttivo, unità di vendita).

Produzione: fabbricazione di prodotti o allestimento di servizi per la soddisfazione dei bisogni.

Set-up time: è il tempo necessario per cambiare prodotto su un ciclo di produzione.

Sponsorizzazione: è un contratto commerciale tra due o più parti. In tale contratto una parte (detta sponsor) cerca di promuovere un marchio, un'impresa, un prodotto, un servizio finanziando un avvenimento, una manifestazione, la manutenzione di un'opera monumentale, uno spettacolo televisivo o radiofonico, un club sportivo, un personaggio famoso, gli sponsee). Lo sponsee, in cambio di un corrispettivo in danaro, si impegna a veicolare l'immagine del soggetto indicatogli dallo sponsor.

Target: letteralmente significa bersaglio. E' il gruppo di consumatori verso il quale l'impresa rivolge la propria azione commerciale

Tassa per l'occupazione di spazi e aree pubbliche (TOSAP): tassa dovuta al comune o alla provincia per occupazioni di qualsiasi natura, effettuate, anche senza titolo, nelle strade, nei corsi, nelle piazze e, comunque, sui beni appartenenti al demanio o al patrimonio indisponibile dei comuni e delle province.

Time-to-market: è il tempo intercorrente tra il momento dell'ideazione di un nuovo prodotto e la sua commercializzazione.

Time-to-user: l'intervallo di tempo che passa da una richiesta da parte dell'utente all'impresa e la risposta di quest'ultima.

Total quality management: la Qualità intesa come principio di gestione trasversale a tutte le funzioni aziendali. La Qualità è, infatti, la metodologia con la quale deve essere affrontata la vita in azienda.

Trasformazione sotto controllo doganale: regime che consente di utilizzare nel territorio doganale della Comunità merci non comunitarie per sottoporle a operazioni che ne modificano la specie e lo stato senza che queste siano soggette ai dazi all'importazione e alle misure di politica commerciale e di immettere in libera pratica, dietro pagamento dei relativi dazi all'importazione, i prodotti risultanti da tali operazioni (prodotti trasformati).

Trasporto multimodale: ricorso in modo coordinato a più mezzi di trasporto per effettuare il trasferimento della merce dal punto di partenza alla loro destinazione finale.

Tratta accettata: strumento utilizzato per i pagamenti di forniture internazionali. Il compratore riconosce un debito che viene accettato dalla banca solo dopo una verifica dei documenti relativi alla consegna e se del caso conformità del bene venduto.

Trial and errore: è un modello operativo tipico dei laboratori di ricerca; si può tradurre con prova e correggi.

TUIR. Testo Unico delle Imposte sui Redditi: è il testo fondamentale contenente le norme per la determinazione e la tassazione dei redditi: redditi fondiari; redditi di capitale; redditi di lavoro dipendente; redditi di lavoro autonomo; redditi d'impresa; redditi diversi.

Turnaround: definisce l'insieme delle attività che consente di cambiare radicalmente la situazione di un'impresa in grave difficoltà.

Unbundling: separazione tra le componenti produzione, distribuzione e servizi, atta a introdurre una maggiore competitività in queste fasi, secondo il principio della catena del valore.

Unipersonale: si dice di una S.r.l. con un solo socio. La S.r.l. unipersonale è più costosa da gestire della ditta individuale ma mette al riparo il patrimonio privato dell'imprenditore in caso di fallimento.

Vantaggio competitivo: l'insieme delle caratteristiche o attributi detenuti da un prodotto che gli conferiscono un grado di superiorità in rapporto ai concorrenti più immediati. Tali caratteristiche o attributi possono essere di varia natura e basarsi sul prodotto stesso, sulle funzioni accessorie od opzionali o sulle modalità di produzione, di distribuzione o di vendita.

Venture capital: indica sia i capitali di rischio forniti a imprese non quotate in cambio di partecipazioni sia, più spesso, la nicchia del mercato finanziario nella quale operano società specializzate nel valutare le proposte di imprese alla ricerca di capitali.

Vidimazione: operazione richiesta dalla legge per il preventivo riconoscimento da parte degli organi amministrativi di libri, registri, o altri documenti, da utilizzare nell'esercizio di un'attività.

Villaggio globale: espressione coniata dal guru della comunicazione Marshall McLuhan, intesa a sottolineare l'annullamento delle distanze sul nostro pianeta.

Vision: è la capacità di un imprenditore o di un top manager di indicare la direzione verso la quale sviluppare l'impresa. Vision è anche intuizione, immaginazione, al limite, paradosso.

Vision 2000: è il nome dato al programma di revisione delle norme ISO 9000 dall'UNI allo scopo di migliorarle lungo un periodo decennale.

Zona franca: zone territoriali che godono di benefici che vengono di volta in volta fissati da leggi particolari che regolano anche i quantitativi di consumo delle merci in tali zone.

Zona depressa: territori, comuni o province caratterizzati da arretratezza economica per i quali possono essere previste particolari agevolazioni quali, a esempio, crediti d'imposta, minor tassazione.